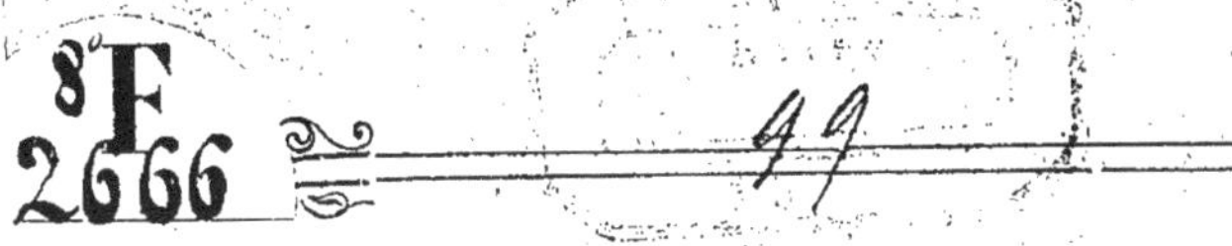

APPEL AUX TRAVAILLEURS.

LA LOI
SUR LES
SYNDICATS PROFESSIONNELS
ET
L'ASSOCIATION COOPÉRATIVE.

Conférence faite à Saint-Etienne (Loire), dans le local du Cirque,

Devant MM. les Membres de la Chambre syndicale des Chefs d'atelier Passementiers et Tisseurs réunis, le 17 septembre 1882

PAR C. LEBRUN,
Ex-Magistrat, Avocat, ex-Professeur municipal d'Economie politique.

> « La loi sur les Syndicats, si longtemps désirée, mettra aux mains de la démocratie laborieuse, un instrument de progrès social d'une importance incontestable. »
>
> (*Exposé des motifs du Gouvernement.*)

PRIX : 50 CENTIMES.

PARIS
LIBRAIRIE GUILLAUMIN & Cie, ÉDITEURS
De la Collection des principaux Économistes, des Économistes et Publicistes contemporains,
de la Bibliothèque des sciences morales et politiques,
du Dictionnaire de l'Économie politique, du Dictionnaire universel du Commerce et de la Navigation, etc.
Rue Richelieu, 14

1882

LA LOI SUR LES SYNDICATS PROFESSIONNELS

ET

L'ASSOCIATION COOPÉRATIVE.

APPEL AUX TRAVAILLEURS.

LA LOI
SUR LES
SYNDICATS PROFESSIONNELS
ET
L'ASSOCIATION COOPÉRATIVE.

Conférence faite à Saint-Etienne (Loire), dans le local du Cirque,

Devant MM. les Membres de la Chambre syndicale des Chefs d'atelier Passementiers et Tisseurs réunis, le 17 septembre 1882

PAR C. LEBRUN

Ex-Magistrat, Avocat, ex-Professeur municipal d'Economie politique.

« La loi sur les Syndicats, si longtemps désirée, mettra aux mains de la démocratie laborieuse, un instrument de progrès social d'une importance incontestable. »

(*Exposé des motifs du Gouvernement.*)

PARIS

LIBRAIRIE GUILLAUMIN & Cie, ÉDITEURS

De la Collection des principaux Économistes, des Économistes et Publicistes contemporains,
de la Bibliothèque des sciences morales et politiques,
du Dictionnaire de l'Économie politique, du Dictionnaire universel du Commerce et de la Navigation, etc.

Rue Richelieu, 14

1882

LA LOI SUR LES SYNDICATS PROFESSIONNELS

ET

L'ASSOCIATION COOPÉRATIVE.

CITOYENS, MEMBRES DE LA CHAMBRE SYNDICALE DES CHEFS D'ATELIER PASSEMENTIERS ET TISSEURS,

Il y a un an environ, au Cercle de la place Marengo, je m'étais offert à vous faire des Conférences sur les questions qui vous intéressent, et spécialement sur l'*Association ouvrière et coopérative.*

Votre bureau a bien voulu me rappeler mon offre et ma promesse. Je viens aujourd'hui m'exécuter, tenir ce que j'ai promis.

Je le fais d'autant plus volontiers, que la loi sur les *Syndicats professionnels* présentée par le gouvernement, votée par la Chambre des députés, amendée par le Sénat, sera, suivant toute vraisemblance, définitivement adoptée et promulguée dans le courant du mois de novembre, dès la rentrée des Chambres.

Cette loi, « si longtemps désirée, dit le gouvernement dans l'exposé des motifs, mettra aux mains « de la démocratie laborieuse, un instrument de « progrès social d'une importance incontestable. »

Cette loi d'émancipation et de justice, sera le complément tardif mais nécessaire de la loi sur *les coalitions*, éditée par l'Empire en 1864.

La loi sur *les coalitions*, a amené celles sur les *So-*

ciétés coopératives et celle sur les *réunions publiques.*

La loi sur les *Syndicats professionnels*, est le couronnement de cet édifice de liberté.

Depuis le commencement du siècle, le peuple des travailleurs a fait deux conquêtes : l'une politique, l'autre sociale.

La conquête politique, c'est le suffrage universel.

La conquête sociale, c'est le droit de se coaliser, de se réunir, de s'associer d'une façon permanente, pour la poursuite d'un but commun.

Je le répète, la loi sur les Syndicats professionnels, marque une des étapes les plus considérables des travailleurs français, dans la voie du progrès, de l'égalité réelle, de l'émancipation totale et finale.

Mais comment arriver, sans secousse, pacifiquement, progressivement, sûrement à cette émancipation définitive, à cette réelle égalité sociale qui est votre vœu le plus cher ?

Les honorables membres de votre bureau ont pensé, qu'à raison des études économiques auxquelles je me livre depuis vingt ans, je pourrais peut-être vous donner quelques indications utiles, en vous disant ce qui a été fait jusqu'ici, en France et à l'étranger, dans la voie de l'association entre travailleurs, dans un but d'amélioration sociale.

Je viens donc, aujourd'hui, essayer de répondre à ce désir, dans la mesure de mes moyens. Je viens vous parler de l'*Association ouvrière sous la forme coopérative.*

Établissons tout d'abord le point de départ du progrès et le sens de l'évolution sociale. Eclairés ainsi par la marche générale des Sociétés, par les précédents historiques, nous verrons mieux le but auquel il faut tendre, et les moyens pour y arriver.

A l'origine perceptible de toutes les Sociétés, se trouve l'abus de la force, la conquête, la spoliation, l'esclavage de l'homme et de la femme, l'écrasement du faible, le règne de la brutalité sauvage, sans frein ni tempérament.

L'égalité des forêts n'est qu'un mot : c'est l'égalité de la misère et du dénûment ; elle disparaît vite devant l'inégalité des cités, l'oppression des forts, la soif de pouvoir, de richesses, de domination.

L'*homme-nature* de Rousseau est une chimère ; l'homme social seul est une réalité. L'homme ne vit, n'existe, ne se développe qu'avec l'aide, le concours de ses semblables. Il n'a même de pensée, qu'autant qu'il est doté d'un langage.

Comme l'a dit un philosophe : « L'homme pense sa parole avant de parler sa pensée. »

L'homme est assiégé dès sa naissance de *besoins* sans nombre.

Les premiers dans l'ordre de leur apparition, sont ceux de nourriture, de vêtement, d'abri.

Non satisfaits, ces besoins entraînent malaise, souffrance, maladie, mort ;

Satisfaits, ils procurent jouissance, santé, contentement, bien-être.

Plus tard, les besoins *intellectuels et moraux*, ceux de l'esprit et ceux du cœur, feront leur apparition ; c'est l'honneur de l'espèce humaine qu'ils ne sont pas moins exigeants et tyranniques que les premiers.

Deux moyens s'offrent pour satisfaire les besoins :

la nature et le travail ; les êtres, agents, forces naturels : l'action sur eux de nos facultés et de nos organes, afin de les approprier à nos besoins, de les rendre aptes à nous procurer nourriture, vêtement, abri, etc.

La nature, sauf en quelques climats privilégiés, ne nous offre les êtres, les productions animales ou végétales, qu'à l'état de *demi-satisfaction,* de *demi-utilité.* Le travail doit intervenir pour les façonner, les approprier, en faire des objets de consommation.

Mais le travail exige l'effort intellectuel et musculaire ; le travail est une peine, une fatigue. L'homme cherche donc à le reporter, à s'en décharger sur ses semblables ou sur la nature.

S'en décharger sur la nature, c'est appeler à son aide les forces naturelles et les atteler à la production ; c'est faire travailler le vent, l'électricité, l'élasticité des gaz, la vapeur, les lois de la végétation, de la reproduction animale, la pesanteur, etc.

Ceci suppose l'étude des lois qui régissent les forces ou les êtres, c'est-à-dire la *science ;* puis *l'échange* des productions d'un climat ou d'une race d'homme, avec les productions d'un autre groupe social ou d'un autre climat. Ceci suppose encore la *création des capitaux*, sous forme de machines, d'outils, d'instruments.

Se décharger du travail productif sur ses semblables, en reporter sur eux le fardeau, les faire peiner pour soi, c'est l'*esclavage*, la spoliation, l'abus de la force et la violence.

S'emparer par force ou par ruse du produit du labeur d'autrui, c'est voler, spolier.

S'emparer par force ou par ruse de l'homme laborieux lui-même, le convertir en pur instrument de production, en outil industriel ou agricole ; s'approprier avec sa personne, tous les fruits de ses efforts, c'est encore l'*esclavage*.

Durant de longs siècles d'iniquité et d'oppression, une grande partie du genre humain a été esclave ; dans l'Inde, c'étaient les Soudras et parias ; en Egypte, les Hébreux et les fellahs ; à Sparte, les îlotes ; à Rome, une grande partie des peuples conquis qu'on épargnait (*servus* esclave, vient *de servare* conserver) pour les appliquer aux arts industriels et agricoles.

Je ne vous redirai pas ici les abominations si connues de l'esclavage : l'homme dépouillé de sa personnalité, de sa liberté ; n'ayant ni Dieu, ni propriété, ni famille, ni patrie ; réduit violemment à l'état de chose, de bétail, qu'on vendait, achetait, mutilait, transportait, et, finalement, lorsqu'il était vieux, qu'on laissait mourrir de faim dans les îles du Tibre et à la porte du temple d'Esculape, ou qu'on jetait aux murènes, dans les viviers, pour les engraisser.

Les esclaves, sous les Césars, étaient devenus tellement nombreux, qu'un sénatus-consulte défendait de leur faire porter le même vêtement, de peur qu'ils ne vinssent à se compter. Un riche patricien, Crassus, en possédait onze mille à lui seul.

Plusieurs fois ils se révoltèrent. Spartacus défit plusieurs consuls et mit en péril la grandeur romaine.

Mais c'était par les *idées*, non par la *force*, que l'esclavage devait disparaître. Quand un ouvrier sur bois de Galilée, Jésus de Nazareth, fils de Dieu et fils de l'homme, eut enseigné aux hommes sa sublime doctrine : *Egalité de nature ;* tous les hommes descendant d'un même couple originaire, tous ayant une même loi morale, tous ayant une même destinée ultra-terrestre ; quand il eût glorifié les pauvres, les faibles, les déshérités : « heureux ceux qui pleurent, heureux ceux qui sont persécutés, heureux ceux qui ont faim et soif de justice ; le royaume des cieux leur appartient ; »

Alors l'esclavage fut virtuellement aboli.

Le monde romain eut beau se liguer contre la bonne nouvelle : les martyrs lassèrent les bourreaux, le glaive s'émoussa, les bêtes fauves, gorgées de sang chrétien, elles-mêmes s'adoucirent, et le monde s'étonna d'être chrétien.

En même temps, les barbares envahissaient l'empire affaibli par le luxe, la corruption et la dépopulation croissante.

Pendant des siècles, les peuples se poussent, les frontières se transportent, les invasions succèdent aux invasions. Quand l'ordre s'est un peu rétabli, que la puissante main de Charlemagne a dompté les Saxons et arrêté les invasions des Sarrasins, un nouvel ordre de choses est fondé. La conscience est affranchie; le paganisme a disparu; le clergé a remis en honneur le travail; l'innocence des mœurs barbares a succédé à la corruption romaine; l'*idée d'association* s'est répandue dans le monde avec la *Gilde* germanique, les monastères et les couvents. Nous la verrons bientôt éclore et transformer l'état social.

Le guerrier conquérant, le noble Germain ou Frank, est aussi ennemi du travail prévoyant et productif, aussi ami de l'oisiveté, de la chasse et de la guerre que le patricien romain; mais il est moins corrompu, moins oppresseur.

Le travailleur n'est plus *esclave*, il est *serf;* attaché à la glèbe qu'il travaille et féconde, il ne peut en être séparé; il a un Dieu, une famille ; durant plusieurs jours de la semaine, son travail lui appartient.

Il a donc un commencement de propriété, de personnalité, de liberté. C'est le second âge, la seconde période du travail et du travailleur.

Bientôt surgissent les *communes*. Les gens de métier, les artisans, groupés sur certains points du territoire s'entendent, se concertent, s'organisent pour lutter contre les exactions des seigneurs, qui leur prennent le plus clair de leurs revenus. Ils sollicitent du roi des franchises. La royauté, pour maintenir l'unité du territoire, pour abaisser l'orgueil des seigneurs et diminuer leur puissance, accorde à beaux deniers comptants des chartes ou lettres patentes d'affranchissement. Les communes ont un maire, des échevins, un sceau, une milice bourgeoise. Leur nombre se multiplie. Favorisé par la royauté, ce mouvement devient général et irrésistible. Les communes de Laon, de Soissons, de Reims, acquièrent une importance considérable.

Sous Louis IX, surgissent les *corporations d'arts et métiers, les maîtrises et jurandes*.

Emu des fraudes qui paralysaient le commerce, frappé de l'imperfection de certains procédés industriels, Louis IX, avec cet esprit de justice si remarquable qui lui a mérité le titre de saint, résolut de mettre fin à ces abus.

Par son ordre, Etienne Boyleau, garde de la prévôté de Paris, rédigea les statuts et règlements de 150 métiers ou professions divers, classa les marchands et artisans en différents corps et communautés sous le nom de *confréries ou universités*. Telle fut l'origine des maîtrises et jurandes qui subsistèrent jusqu'à la Révolution française.

« Ce sera toujours un grand honneur pour Louis « IX, dit un historien de l'Economie politique,

« d'avoir eu le premier la pensée de soumettre une « telle armée au joug de la discipline. Elle y a gagné « en puissance et en vitalité ce qu'elle paraissait per- « dre en indépendance, et c'est depuis cette époque « que l'industrie a pris un essor qui ne s'arrêtera « plus. »

Mais, toutes les bonnes choses se corrompent. Les abus du chef-d'œuvre et des conditions imposées pour l'obtention de la maîtrise, la longueur de l'apprentissage et la limitation du nombre des *apprentis;* le servage qu'ils subissaient ; la durée arbitraire du compagnonnage, enfin et surtout l'obstacle qu'opposaient au progrès industriel, au perfectionnement des méthodes et procédés, les priviléges et monopoles des corporations ; le fractionnement arbitraire de certaines opérations industrielles, l'interdiction aux fabricants de manches de couteau, par exemple, de faire la lame ; aux fabricants de chapeaux de feutre, de faire des chapeaux de soie, etc. ; les rivalités incessantes, les procès, confiscations et amendes suscités par la jalousie des communautés, avaient fini par rendre nuisible et odieux ce régime industriel utile à l'origine.

Après un essai infructueux de Turgot, ce fut la *Révolution française* qui eut la gloire de proclamer l'affranchissement du travail et des bras, la suppression des corporations de métiers, maîtrises et jurandes.

« Il n'y a plus, dit la Constitution de 1791, ni « jurandes, ni corporations de professions, arts et « métiers.

« Il n'y a plus pour aucune partie de la nation, ni « pour aucun individu, aucun privilége, ni exception au droit commun de tous les Français. »

Turgot avait déjà dit dans le préambule de l'édit de février 1776 :

« Dieu, en donnant à l'homme des besoins, en lui « rendant nécessaire la ressource du travail, a fait « du droit de travailler la propriété de tout homme, « et cette propriété est la première, la plus sacrée et « la plus imprescriptible de toutes. »

La loi de cette époque qui exerça l'influence la plus décisive sur la situation des travailleurs, fut celle du 17 juin 1791, inspirée par Marat, « le cher prophète, » votée par l'Assemblée nationale sur le rapport de Chapelier.

« Art. 1er. — L'anéantissement de toute espèce « de corporation des citoyens de même état et pro- « fession, étant une des bases de la Constitution « française, il est défendu de les rétablir, sous quel- « que prétexte et forme que ce soit.

« Art. 2. — Les citoyens d'un même état et « profession, les entrepreneurs, ceux qui ont bouti- « que ouverte, les ouvriers et compagnons d'un art « quelconque, ne pourront, lorsqu'ils se trouveront « ensemble, se nommer ni président, ni secrétaires, « ni syndics, tenir des registres, prendre des arrêtés « ou délibérations, former des réglements sur de « prétendus intérêts communs. »

C'est cette loi qui, appuyée par des sanctions pénales, a réglé jusqu'en 1864 les rapports des ouvriers, soit entre eux, soit avec leurs patrons, au point de vue du concert sur les choses du travail.

La loi du 22 germinal an XI, frappe les coalitions de patrons d'une amende de 100 à 3,000 fr., et, s'il y a lieu, d'un mois de prison.

Elle interdit les coalitions d'ouvriers sous peine de

trois mois de prison, et, s'il y a violence ou voies de fait, sous les peines de droit commun.

Le Code pénal de 1810 (art. 414) frappe les coalitions de patrons de six jours à trois mois de prison, et d'une amende de 200 à 3,000 fr.

Les coalitions d'ouvriers (art. 415) sont frappées d'un emprisonnement de un à trois mois ; les chefs ou moteurs de deux à cinq ans.

L'art. 416 vise les amendes, défenses, *interdits, damnations*, prononcés par les compagnonnages ou Associations ouvrières et les soumet aux pénalités de l'art. 415.

En 1849, l'égalité des peines est décrétée entre les coalitions de patrons et les coalitions d'ouvriers : toutes deux sont punies de six jours à trois mois de prison, d'une amende de 16 à 3,000 fr.

Les chefs ou moteurs sont passibles de deux à cinq ans de prison. Les demandes, interdits, proscriptions, *damnations*, prononcés soit par les patrons, soit par les ouvriers, sont punis des mêmes peines.

Telles sont les lois qui, combinées avec les art. 291 et suivants du Code pénal, interdisant toute réunion de plus de vingt personnes ont, jusqu'en 1864, maintenu le travailleur dans son isolement, l'ont empêché de s'associer, de se concerter pour faire valoir ses droits à l'encontre des exigences du capitaliste.

La loi de 1864 autorise les coalitions de patrons et d'ouvriers. « Le point de départ de la loi, disait son rapporteur, est celui-ci : Liberté absolue des coali- « tions, répression rigoureuse de la violence et de la « fraude. »

« L'autorité n'intervient, disait le Préfet du Nord, « aux mineurs de Denain, que lorsqu'on porte at-

« teinte à la liberté du travail par des violences, des « menaces ou des manœuvres frauduleuses. »

Mais, comment se coaliser sans se *concerter*, sans s'entendre ? Pour s'entendre, il faut se réunir.

Or, l'Administration seule peut permettre les réunions de plus de *vingt personnes*. Ces réunions, destinées à préparer la coalition, sont donc soumises à l'autorisation préalable.

Ceci avait été explicitement déclaré au Sénat (17 mai 1864) par le rapporteur : « La loi maintient formellement les dispositions qui soumettent à des « formes déterminées les réunions et les associa- « tions. »

Il y avait là une inconséquence, un illogisme.

« Donner et retenir ne vaut, » dit un axiôme juridique.

Il fallait ou ne pas légiférer sur le droit de coalition, ne pas le reconnaître, ou le restituer avec ses compléments nécessaires, le droit de réunion et le droit d'association. L'Empire sembla le comprendre :

La loi du 6 juin 1868 sur les *réunions publiques* ;

Le rapport de M. de Forcade (du 30 mars 1868) sur les *Chambres syndicales*, encourageant les patrons et ouvriers à se réunir en corps de métier, à constituer des Bureaux ou Syndicats, qui surveilleraient les intérêts généraux de la profession, indiquent un retour à la logique des principes, une renonciation aux errements antérieurs.

Enfin, une dernière mesure réparatrice, est venue achever l'œuvre de l'émancipation du travail et des bras.

Je veux parler de la loi sur les Syndicats professionnels, élaborée en ce moment par l'organisme législatif de la troisième République.

Ce projet de loi, dû à l'initiative du gouvernement, a été modifié par la Chambre, puis par le Sénat. Il doit venir prochainement devant la Chambre des députés, qui discutera et, selon toute vraisemblance, acceptera les modifications apportées par le Sénat.

On peut donc regarder, dès à présent, le projet modifié du Sénat comme le texte législatif qui sera prochainement promulgué et mis en vigueur.

L'art. 1er porte : « Les Syndicats professionnels ou « Associations même de plus de vingt personnes « exerçant la même profession ou des métiers simi-« laires, pourront se constituer librement sans l'au-« torisation du gouvernement. »

D'après l'art. 5 : « Les Syndicats de patrons ou « d'ouvriers, pourront, sous certaines conditions « fixées dans l'intérêt de l'ordre public, former entre « eux, malgré la diversité de leurs professions et mé-« tiers, des *unions en vue de la protection de com-« muns intérêts industriels et commerciaux.* »

Eh bien ! je dis que voilà un pas considérable accompli dans la voie de l'émancipation totale et finale.

Vous avez la liberté entière, sans restriction, sauf certaines formalités, mesures et précautions de police et d'ordre public, de vous concerter, de vous associer, en vue des intérêts soit particuliers, soit généraux de votre profession. Vous pouvez défendre les intérêts du travail, ses droits, soutenir ses légitimes revendications, avec toute la puissance de l'association syndicale d'abord, puis des Syndicats reliés entre eux par une *union centrale*. Car, vous le savez, il existe dès longtemps, à Paris, des unions centrales de

Syndicats de patrons et de Syndicats d'ouvriers.

Jusqu'ici, vous viviez sous la *tolérance de l'administration*, sous le régime du bon plaisir. A Lyon, il y a quelques années, le Préfet Ducros, dissolvait en un jour toutes les associations ouvrières de cette grande cité industrielle.

Aujourd'hui, vos associations sont élevées à l'état légal, elles existent autonomes; elles peuvent avoir *la personnalité civile :* aliéner, acquérir, ester en justice, etc., et ce fait légal est irrévocablement acquis, définitif.

Depuis la Révolution française et la loi de 1791, vous étiez affranchis, il est vrai, de la tyrannie des anciennes corporations privilégiées ; vous étiez maîtres de vos bras ; mais vous ne pouviez agir de concert, vous réunir, vous entendre, vous associer pour faire prévaloir vos justes griefs, vos légitimes revendications.

Désormais, vous avez tout cela : *vous êtes libres sous la loi* votée par vos représentants, c'est-à-dire par vous-mêmes.

C'est là le plus grand et le dernier pas dans la voie de l'émancipation légale, théorique, abstraite.

Quel usage pouvez-vous et devez-vous en faire pour arriver à l'émancipation de fait, à l'affranchissement réel, social et personnel ?

C'est ce que je vais chercher à vous indiquer brièvement.

Le passé est la leçon de l'avenir, et les peuples doivent profiter de cette vaste expérience, qui est leur propre histoire.

Or, que nous enseigne ce drame mouvementé de l'histoire du travail que j'ai rapidement esquissé devant vous ?

Au point de départ de ce mouvement, le travailleur est esclave ; au point d'arrivée, il est libre, maître de soi, de ses facultés et de ses bras.

Comment, à partir de l'esclavage et du régime des castes, où l'homme est une chose, un vil bétail, le travailleur est-il parvenu, à travers le servage, puis les corporations d'ancien régime, à reconquérir sa liberté, sa personnalité, le droit politique et le droit social ; celui de prendre part à la gestion des affaires communes ; celui de travailler quand il lui plaît, sous les conditions qu'il juge équitables ; celui de s'associer avec ses frères, pour revendiquer en commun, avec la force de l'association et du groupement, sa part légitime dans l'œuvre de la production, un partage équitable des bénéfices, dans la collaboration du capital et du travail ?

Les travailleurs sont arrivés à ce résultat :

1° *Lentement*, avec l'aide des siècles, par la continuité des efforts, et ce progrès est définitif dans les sociétés civilisées, parce qu'il a été successif, graduel, insensible.

Oui, le vrai progrès est insensible : il veut l'aide du temps pour pénétrer les mœurs et réformer les habitudes ; il ne procède pas par à-coups, par coups de main, ou coups d'Etat, par brusques mutations ; il se consolide d'autant mieux qu'il est lent, et, pour ainsi dire, organique.

2° Le vrai progrès se réalise *par les idées et les mœurs*, non par la violence, les armes, la guerre et la spoliation.

C'est l'idée chrétienne d'égalité de nature qui, pénétrant peu à peu les esprits et les mœurs, réformant les lois et les institutions, aidée ou retardée par les événements sociaux, a enfanté ces magnifiques résultats, dont nous jouissons, et dont l'ensemble se nomme la civilisation.

Toute religion, toute conception généralement acceptée de Dieu, de l'univers et de l'homme produit une civilisation qui lui est adequate. Cela est vrai pour le brahmanisme de l'Inde, comme pour le mahométisme, comme pour le polythéisme grec et romain.

3° Ce mouvement historique nous révèle un dernier fait : c'est que la *liberté et la propriété* ou plus généralement, l'affranchissement et le capital, sont deux *faits concomitans, inséparables.*

L'homme n'arrive à la liberté que par la propriété, le capital, la richesse.

La proclamation théorique du droit, de l'égalité de nature, d'où dérive la souveraineté du peuple, ne fonde efficacement et réellement la liberté civile et politique, que si la possession d'un capital, la jouissance d'une propriété, vient actualiser, rendre visible et palpable ce droit abstrait et théorique.

La condition de l'esclave est devenue moins dure, quand les mœurs et les lois lui ont permis d'acquérir un *pécule*, au moyen duquel il pouvait s'élever à l'état, non de citoyen romain, mais d'*affranchi*.

Le *serf* était déjà plus libre que l'esclave, parce qu'il avait un *commencement de propriété*, servant de fondement et de garantie à sa personnalité.

Le Tiers-Etat ne s'est affranchi des étreintes de la féodalité que lorsque les artisans et gens de métier eurent acquis, par le travail et l'épargne, un *capital*, *une propriété.* C'est la richesse du Tiers-Etat qui lui a permis de payer les chartes d'affranchissement, d'enceindre les bourgs de murailles protectrices, d'avoir un beffroi, des échevins, des armes, une milice prête à repousser les agressions.

Loin de diminuer la propriété, d'effrayer ou de détruire le capital, la richesse, il faut les étendre à tous, y faire participer chacun, augmenter le plus possible la richesse, soit individuelle, soit nationale. Plus il y a de richesse dans un pays, plus tout le monde est riche ; plus les capitaux sont abondants ; plus l'industrie est puissante, développée, outillée, plus le prix des produits s'abaisse et devient accessible à toutes les bourses ; plus le bien-être se généralise.

L'ancienne politique disait : le *bien de l'un, c'est le dommaige de l'autre ;* c'est Montaigne qui parle ainsi. Voltaire disait encore, au siècle dernier, dans sa langue alerte : *Ce que l'un gagne, l'autre le perd.*

L'Economie politique, la science de la production, de la répartition et de la consommation des richesses démontre, au contraire, que *le bien de l'un c'est le bien de l'autre ;* que l'on est d'autant mieux pourvu de toutes choses, que l'on vit dans un milieu plus actif, plus riche, mieux armé de capitaux, d'instruments et de produits.

Un ardent ami des travailleurs, un homme de génie et un puissant écrivain, Lamennais, résume ainsi un saisissant opuscule intitulé : *Du passé et de l'avenir du peuple.*

« Déterminer les moyens par lesquels le prolétaire
« pourra parvenir à se créer la propriété qui lui
« manque, et à compléter de la sorte son affranchis-
« sement, tel est donc, finalement, dans l'ordre exté-

« rieur, le problème à résoudre, et ce n'est pas seu-
« lement la raison pure avec sa logique rigoureuse,
« c'est l'histoire toute entière qui le pose ainsi.

« Vous avez vu, en effet, dans la suite des âges, la « propriété se développer à mesure que se dévelop- « pait la liberté, y mettre le dernier sceau, l'incarner, « pour parler de la sorte, la transporter de l'ordre « abstrait du droit dans l'ombre des réalités effectives; « et comme la liberté se résout dans l'individualité, « que nul n'est libre, s'il n'est individuellement libre, « la propriété se résout dans l'individualité ; elle est « individuelle ou elle n'est point.

« Le travailleur, légalement libre et possédant la « mesure d'instruction (générale et professionnelle) « que sa capacité native lui aurait permis d'acquérir, « ne serait pas affranchi pour cela ; il ne serait pas « maître de soi, de son travail, si la *matière* à la- « quelle il faut qu'il applique son travail, l'*instru-* « *ment* qui le rend possible, si le *capital* enfin ne « lui était pas directement accessible.

« Aucun de ces biens ne peut être obtenu que par « l'association. Elle est la base indispensable de toute « amélioration possible [1]. »

Ce sont les moyens d'acquérir ce capital, instrument nécessaire d'affranchissement, que je veux brièvement vous indiquer.

Un fait qui s'est établi, étendu, généralisé, depuis le commencement du siècle, spécialement depuis trente ans, c'est le développement prépondérant et écrasant de la *grande industrie*.

La science a découvert les lois de certaines forces, de certains agents naturels : vapeur, électricité, gaz,

[1] Lamennais. — *Du passé et de l'avenir du peuple*, ch. XVI.

calorique, etc. : la mécanique les a attelés à la production ; elle a inventé la machine à vapeur, le télégraphe, le téléphone, les hauts fourneaux ; les moyens de fabrication de l'acier par les procédés Bessemer ou Siemens-Martin, etc.

Mais pour utiliser ces procédés et inventions, il faut de puissants engins, un *outillage très-coûteux* et qui est hors de proportion avec les ressources d'un particulier, encore moins avec celles de la plupart des travailleurs.

De là le groupement, l'association des capitaux. Chemins de fer, tunnels, percements d'isthmes, fabrication en grand du fer, de l'acier, des tissus, exploitation de mines, etc., ne sont possibles que grâce aux Sociétés industrielles et commerciales, aux Sociétés par actions, à responsabilité limitée ou illimitée, en participation, en nom collectif ou en commandite.

Ces puissants outillages, en réduisant les *frais généraux*, en attelant à la production des *forces naturelles*, esclaves aux jarrets d'acier, qui jamais ne se fatiguent, qui ne coûtent rien à notre bourse ni à notre conscience, ont donné une impulsion considérable à la production, dans tous les ordres de choses. Ces puissantes Compagnies, ces Sociétés, *fabriquent plus, mieux et à meilleur marché.*

Les particuliers, les petits industriels, qui ne sont pas pourvus des mêmes moyens, n'ont pu lutter contre elles ; ont été expropriés, dépossédés sans indemnité, de leur gagne-pain, obligés de retomber à l'état de *salariés*, sous les ordres de directeurs ou de patrons.

Ce mouvement s'est produit partout, même dans l'industrie du tissage. Voyez près de vous, à *Roanne :* les fabricants n'ont pu lutter contre la concurrence étrangère qu'en établissant de vastes usines mues mécaniquement, lesquelles, en réduisant la main-d'œuvre, permettent d'abaisser le prix du produit.

Il y a, à coup sûr, des causes très multiples et très-diverses des souffrances de cette belle *industrie rubanière*, dont vous êtes les patrons et les vrais fabricants.

Il y a d'abord le *caprice de la mode*, cette fantasque souveraine du goût et même de l'opinion, dans notre beau pays de France.

La mode s'est détournée quelque peu du ruban, et surtout du beau façonné, de cette joaillerie de soie dans laquelle vous n'avez pas de rivaux.

Les grandes couturières de Paris, celles qui donnent le ton à la mode, ont pris l'habitude de tailler les multiples ajustages des robes dans la grande pièce de soierie, au lieu d'employer la « petite pièce, » comme elles disent. Il y a, paraît-il, moins de déchet et plus de marge pour les fantaisies du goût. — C'est là le grand inconvénient des industries dites de luxe et de goût. Si la mode se détourne d'elles, elles subissent des crises, des souffrances parfois longues à s'atténuer.

Mais il y a aussi la concurrence qui s'est élevée. Quand on a vu quels gains énormes procuraient les capitaux appliqués à cette branche d'industrie, chacun a voulu faire du ruban. On a établi partout des fabriques, des usines : en Suisse, en Allemagne, en Italie, en Angleterre et jusqu'en Russie (Moscou) et aux Etats-Unis.

Ces fabriques, marchant par l'eau ou la vapeur, pourvues d'un moteur et d'un outillage mécaniques, fabriquent l'article *uni* à meilleur compte et à moins de frais que vous ne pouvez le faire ; de plus, la *régularité du tissage et l'exactitude des livraisons* qui ont lieu au jour fixé, attirent les acheteurs et les commandes.

Enfin certains débouchés considérables, tels que le marché des Etats-Unis, se sont clos par des droits d'entrée, presque prohibitifs, des droits de 60 °/₀ à l'entrée des provenances étrangères.

A l'abri de ces droits, des fabriques se sont élevées aux Etats-Unis, lesquelles commencent déjà à importer chez nous.

Il vous restera toujours une chose que nul ne peut vous enlever, c'est *votre goût*, *votre habileté*. Vous resterez sans rivaux dans les articles riches, dans les beaux façonnés ; mais ces articles, vous le savez, se portent peu ; ce qui fait le grand débit, c'est l'article commun et bon marché.

Voilà quelques-unes des raisons, qui nous avaient fait désirer l'introduction dans vos ateliers du moteur à gaz ; on avait pensé que cette utilisation de la force mécanique à domicile, aurait l'avantage, tout en respectant la démocratique et très-belle organisation du tissage en famille, de vous donner le moyen de lutter contre des rivaux outillés mécaniquement.

Mais je reconnais que le prix élevé des moteurs et l'âpreté de la Compagnie du gaz devaient, dans un moment de stagnation et de souffrance, tel que celui que traverse votre industrie, faire échouer cette combinaison.

L'insuccès a été une leçon et peut-être bientôt pourrez-vous, si les commandes et le travail reprennent, opérer à meilleur compte cette transformation nécessitée par la concurrence.

Je dis donc que, dans la métallurgie, dans les mines, dans les voies de communication sur terre et sur mer, dans une foule d'emplois du travail, la *grande industrie a tué la petite* ; que cette même transformation est en train de s'opérer dans l'industrie du tissage (ainsi, pour la filature et le tissage du coton) ; qu'elle commence à atteindre et à appauvrir votre industrie rubanière.

Le commerce de détail lui-même est frappé. Les grands magasins par actions : le Printemps, le Louvre, le Bon Marché, la Ville de Lyon, les Deux Passages, sont en train de supprimer les petits magasins de détail, moins bien approvisionnés et vendant plus cher, parce que leurs frais généraux sont relativement plus considérables.

Mais l'industrie, dans ses développements, a elle-même mis au jour le remède à ses maux. Comme la lance d'Achille, elle guérira les blessures qu'elle fait.

Cette puissance irrésistible, ce remède souverain, c'est l'*Association*, importée d'Angleterre, où l'excès des impôts nécessités par la guerre, lui a fourni les moyens d'y suffire, à force de prodiges.

L'Angleterre, pays de gros capitaux et de grandes industries, a, plus tôt que nous, éprouvé le mal et trouvé le remède que nous allons décrire.

Et d'abord, qu'est-ce que l'*Association ?*

C'est *l'union des intelligences, l'accord des volontés et des forces, la mise en commun de certains capitaux, en vue d'un but déterminé à atteindre.*

Un voyageur, parcourt un chemin profond et encaissé, qui doit le mener à destination. Un éboulement se produit, un rocher barre la route ; pas de moyen de passer ni à droite ni à gauche. A plusieurs reprises, il essaye de le déplacer, mais en vain ; ses forces s'épuisent ; il s'assied découragé au bord du chemin.

Survient un autre voyageur, puis un troisième ; chacun essaye de détourner l'obstacle ; mêmes efforts isolés, même résultat.

Soudain l'un d'eux s'écrie : ce que nous n'avons pu faire isolément, qui sait si nous ne le pourrions pas tous ensemble ?

Tous se lèvent et s'épaulent au rocher ; ils donnent, à un signal convenu, une poussée commune et le rocher cède, la route redevient libre : voilà l'Association.

Celle-ci est momentanée, accidentelle, transitoire. Mais si les hommes de même condition, de mêmes occupations, s'entendent, concertent longuement leurs efforts, en vue d'une amélioration de leur destinée, nul doute qu'ils n'y parviennent.

Tous pour chacun, *chacun pour tous :* fraternité et solidarité ; telle est la formule vraie et féconde de l'Association digne de ce nom.

L'Association fait plus qu'*additionner les forces*, *elle les multiplie* l'une par l'autre. Elle est ce point d'appui cherché du levier d'Archimède, avec lequel on peut soulever le monde.

Les sociétés humaines sont des associations de race, de langues, de mœurs, de religions et d'institutions. La famille est l'association primitive et naturelle. La commune est une autre association ayant certains intérêts communs. Puis viennent les associations commerciales, financières, politiques, religieuses, etc.

Le monde ne vit, la société ne progresse que par l'association. C'est par elle que le Tiers-Etat s'est affranchi du joug de la féodalité.

Le progrès désirable et nécessaire du moment où nous sommes est celui-ci : c'est que le travailleur, l'ouvrier, *échappe au salariat par l'Association ;* que *de salarié il s'élève à l'état d'associé.*

Un grand économiste anglais, mort récemment, J. Stuart Mill, écrit ces lignes : « Si le progrès, que « le triomphe du despotisme militaire n'a pu que re- « tarder et non arrêter, continue sa marche, il est très « probable que l'état de salarié, ne sera bientôt plus « que celui des ouvriers que leur abaissement moral « rendra indignes de l'indépendance, et que les rap- « ports de patron à ouvrier seront remplacés par « l'Association sous une ou deux formes : Associa- « tion temporaire, en certains cas, des ouvriers avec « l'entrepreneur ; dans d'autres cas, et à la fin dans « tous, Association des travailleurs entre eux. »

Avant de traiter de ces deux formes d'association, nous pensons qu'il convient de les distinguer profondément des *Unions de Métiers*, des *Trades-Unions* anglaises, dont elles diffèrent par le but et par les moyens.

« La *Trade-Union*, dit l'auteur d'un remarquable « livre sur ces associations, est avant tout une *Caisse* « *permanente de chômage.* Après avoir générale- « ment payé une entrée parfois assez forte, les mem- « bres versent chaque semaine une souscription va- « riant de un penny, jusqu'à un et même, dans cer- « tains cas, deux shillings (5 fr. 45, 65 fr. et 130 fr. « par an). Il se forme ainsi un fonds de réserve qui « grossit rapidement dans les années prospères et « qui est destiné à soutenir les membres de la Société « lorsqu'ils chôment, soit faute d'ouvrage, soit par « suite d'une grève. La souscription est égale pour « tous les membres, et cette égalité est une des bases « de l'institution, car elle implique un égal soutien « en cas de chômage.

« Le gouvernement de la Société, les relations avec « les patrons, les décisions relatives aux grèves, l'al« location des indemnités, enfin l'admission et la « radiation des membres appartiennent exclusive« ment, à un Conseil de surveillance ou Conseil exé« cutif, élu chaque année par le vote de tous les « membres et qui compte dans son sein un prési« dent, un caissier et un secrétaire. »

Les *unions* sont donc surtout des moyens de lutte, de résistance ou d'attaque. Elles ont, durant une période, rendu de grands services aux ouvriers anglais, en les disciplinant et les armant de la force de l'association.

Leurs commencements ont été marqués par des grèves, souvent désastreuses ; les chefs encore inexpérimentés engageaient des luttes qui épuisaient les ressources des *unions* et tournaient finalement à leur désavantage.

Mais je veux surtout vous signaler les *associations pacifiques*, constituées plutôt en vue de l'amélioration immédiate du sort de l'ouvrier que de la lutte violente contre le capital. Ces associations sont de deux espèces :

Il y a l'association des ouvriers avec l'*entrepreneur* ou le patron, qu'on a désignée sous le terme générique de *participation aux bénéfices ;*

Il y a l'*association des ouvriers entre eux*, constituée sur le principe de l'assistance par soi-même, ou *Société cooopérative.*

L'association en participation, tout en laissant subsister en principe le salaire, attribue une part dans le bénéfice à tous ceux qui ont *participé à l'entreprise par leur travail ou leurs capitaux.* Cette part est proportionnelle à l'apport.

Il y a de nombreux exemples, dans plusieurs branches d'industrie, de cette forme d'association. On est déjà dans l'usage de rémunérer ceux dans lesquels il faut avoir une confiance particulière, au moyen d'un tant pour cent dans les bénéfices.

Sur les *navires américains* qui font le commerce de la Chine, on a l'habitude de donner, à chaque matelot, une partie des profits du voyage, et c'est à cette circonstance que l'on attribue la bonne conduite de ces matelots, et la rareté des collisions entre eux et le peuple ou le gouvernement du pays.

En Angleterre, il y a un exemple précieux à recueillir : c'est celui des *mineurs du Cornouailles*. En ce pays, les mines sont exploitées en participation : des bandes de mineurs traitent avec un agent qui représente le propriétaire de la mine, pour en exploiter une certaine partie et mettre le minerai en état d'être vendu, moyennant un tant pour cent du prix de ce minerai.

Les contrats se font à des époques régulières, tous les deux mois en général, et ils sont consentis en société par des hommes habitués au travail des mines.

Ce système a ses inconvénients par suite de l'incertitude et de l'irrégularité des gains, et de la nécessité de vivre longtemps sur le crédit qui en est la conséquence ; mais il produit une intelligence, une indépendance, une élévation morale qui élève le mineur de Cornouailles bien au-dessus des autres ouvriers.

Un grand nombre de ces mineurs, habitent des maisons à eux sur des terres louées pour 99 ans. La plus grande partie des 281,541 liv. st., déposées aux Caisses d'épargne de Cornouailles, leur appartiennent.

Le salaire des *équipages des baleiniers* est calculé d'après le même principe.

Le système de la participation a été expérimenté à Paris, il y a plus de trente ans, par un peintre en *bâtiment*, *M. Leclaire*. *Salaire fixe* aux ouvriers; au directeur, intérêt de ses capitaux, plus une somme fixe pour son travail et sa responsabilité. A la fin de l'année, les bénéfices sont partagés entre tous ceux qui participent à l'œuvre, patron compris, au *pro-rata* de leur salaire.

M. Leclaire n'a eu qu'à se féliciter de cette tentative. Les ouvriers qu'il emploie sont devenus actifs, économes du temps et des matières qu'ils mettent en œuvre; enfin, leur activité a fait plus que l'indemniser, même pécuniairement, de la part des profits à laquelle il a renoncé en leur faveur.

Je pourrais multiplier les exemples de ce genre d'association, vous citer la maison Dupont, imprimeur, qui associe ses ouvriers et leur distribue, au *prorata* des salaires, le dixième des bénéfices. Ce système a été adopté par MM. Briggs, des charbonnages de Withwod and Methley près Normanton, par la Compagnie d'Orléans, par M. Laroche-Joubert, etc.

Mais cette forme d'association du capital et du travail, dépendant du bon vouloir des patrons et directeurs, et ne pouvant leur être imposée, ne pourra jamais se généraliser et modifier dans l'ensemble le sort des travailleurs.

« Si l'humanité fait des progrès, écrit le grand « économiste, J. Stuart Mill, la forme d'association « que l'on doit espérer de voir prévaloir à la fin « n'est pas celle qui peut exister entre un capitaliste « comme chef et des ouvriers qui n'ont aucune part

« à la direction, mais l'association d'ouvriers placés « dans des conditions d'égalité, possédant en com- « mun le capital au moyen duquel ils font leurs opé- « rations, et travaillant sous la direction de gérants « élus par eux et qu'ils peuvent révoquer. »

Telle est l'association *coopérative* sous ses trois formes : *association de consommation, de crédit, de production.*

L'association de consommation est de toutes, celle qui a le mieux réussi, qui a donné les résultats les moins contestables ; c'est elle qui forme les capitaux que le travailleur peut appliquer à la production, à l'effet de s'élever à la situation d'entrepreneur ou de patron. Elle est le point de départ naturel et souvent obligé de la *transformation du salarié en associé.*

Elle débute par une opération fort simple : *se grouper en nombre indéterminé pour acheter ensemble, en gros et au comptant, les objets de consommation les plus usuels, tels que le pain, le vin, l'épicerie, la viande, etc., et se vendre ces denrées de premier choix (de qualité vraie et de poids sincère) entre sociétaires, sans crédit aucun, et au cours ordinaire des marchands.*

Plus il y aura d'associés, moins les frais généraux seront lourds à supporter et plus les bénéfices seront étendus.

L'expérience a démontré qu'après un ou deux exercices annuels, une bonne gestion pouvait assurer aux actionnaires un dividende net de 10, 12, 15 0/0 et au-dessus.

En supposant une dépense de 500 à 800 fr. par famille, on peut, avec cette somme, payer sa cotisation à la Société de secours mutuels, parer aux éventualités de chômage à l'aide de la Caisse d'épargne, faire un versement convenable à la Caisse des retraites pour la vieillesse, etc.

C'est ainsi qu'on peut réaliser, non pas l'utopie dangereuse de l'*épargne par la dépense,* mais l'*épargne sur la dépense.* Et cela est possible, sans privations sévères, simplement en se coalisant, s'associant avec des frères et amis, pour se rendre de mutuels services.

Fourrier, Owen, St-Simon, Cabet, Louis Blanc, ont souvent prêché l'association ; mais le Phalanstère, mais New-Harmony, mais l'île d'Utopie, mais l'atelier social, malgré le talent ou la conviction de leurs auteurs, n'ont jamais pu se réaliser ni fonctionner, ni améliorer la situation des travailleurs.

Il en va tout autrement de l'association de consommation. Permettez-moi de vous raconter l'histoire de la première en date et de la plus célèbre, celle des *Equitables Pionniers de Rochdale.*

C'était en 1840, l'industrie anglaise traversait une de ces crises fréquentes dans les pays de grande industrie. Au mois de novembre 1843, quelques tisserands en flanelle de la petite ville de Rochdale, à bout de ressources, se réunirent et tentèrent inutilement tous les moyens qu'ils croyaient propres à augmenter leurs salaires, grèves, assistance de l'Etat, projet d'établir le suffrage universel, afin de pénétrer dans le Parlement et de réformer les lois, etc. Enfin, ils s'avisèrent d'un moyen plus pratique, plus immédiatement réalisable. S'ils ne pouvaient accroître leurs recettes, il *leur serait peut-être possible de diminuer leurs dépenses.*

Rien ne paraissait plus facile. Il suffisait d'acheter *en gros,* au lieu de se faire écorcher par les détaillants.

Ces quelques hommes étaient de ceux qui ont la volonté, la persévérance et qui ne réclament jamais l'assistance de personne. *Aide-toi toi-même*, tel était leur principe. Ils se dirent que ce qui était impossible à l'individu isolé, devenait possible et facile par la réunion d'un grand nombre. Ils en avaient la preuve certaine dans les Sociétés de chemins de fer, dans les Caisses d'Epargne et de Secours mutuels, dans les assurances contre l'incendie, etc., qui toutes témoignaient en faveur de la puissance du principe d'association.

Qui les empêchait d'en faire autant ? En réunissant leurs petites économies, ne pourraient-ils pas former graduellement un capital, créer un fonds de commerce, entreprendre une industrie? Au bout du compte, ils *seraient leurs maîtres, travailleraient dans leur propre intérêt et non dans celui d'un autre.*

Cette idée les séduisit et, immédiatement, la résolution fut prise de la réaliser par une association.

Tout adhérent au projet, devait s'engager à verser *20 centimes par semaine.* La liste de souscription réunit *douze* noms. Le produit fut de 2 fr. 40.

L'exiguité de la recette ne découragea pas les fondateurs. Ils avaient foi dans l'avenir de leur œuvre, dans leur résolution et leur énergie.

Pareils à ces citoyens de la Rome primitive, qui bâtissaient pour l'éternité et faisaient une ville digne d'être la capitale du monde, les humbles tisserands associés prirent fièrement le nom d'*Equitables Pionniers de Rochdale.*

Pionniers, c'est-à-dire les vaillants, qui ouvrent des voies nouvelles, dans des régions inexplorées.

Equitables, parce que la justice, l'équité, le respect des droits et de la liberté d'autrui, sont le gage de toute amélioration durable.

Pionniers du nouveau principe de l'association, ils voulaient frayer la route à ceux qui prendraient la même résolution. Ils n'ont pas menti à leur nom; leur succès a été complet.

Et voyez comme ils ont foi dans leur œuvre, ces douze pauvres tisserands, les apôtres de cette religion qui transformera l'industrie : l'association !

La foi transporte les montagnes.

Ils ont 2 fr. 40 en caisse et leurs Statuts sont rédigés comme s'ils avaient des millions sous la main.

Le *but de l'association* était :

« 1° D'établir un magasin pour la vente des provisions et des vêtements ;

« 2° De construire ou d'acheter des maisons saines et commodes pour les associés ;

« 3° De fabriquer les produits les plus nécessaires, afin de les avoir aussi à meilleur marché encore que par l'achat en gros, et de procurer de l'ouvrage aux associés sans travail, ou atteints d'une réduction de leurs salaires ;

« 4° D'acquérir par achat ou fermage, des terrains qui seraient d'abord cultivés par les bras inoccupés, et ensuite partagés en propriétés individuelles entre les associés ;

« 5° De consacrer une partie des bénéfices, à des établissements pour l'instruction et le développement moral des associés ;

« 6° Enfin, aussitôt que faire se pourra, la Société s'occupera d'organiser la production, la distribution du travail et des fruits du travail, l'éducation, le gouvernement ou, en d'autres termes, de fonder une colonie intérieure unie d'intérêts, se suffisant à elle-même, et d'aider d'autres Sociétés à créer de semblables colonies. »

« En France, dit E. Véron, on n'eût pas manqué de leur répondre par un éclat de rire, et l'Association eût peut-être succombé sous le ridicule. Rien ne nous paraît niais comme la foi, quand elle précède le succès. D'ailleurs, ce sixième article aurait couru grand risque d'alarmer la prudence de l'administration, qui se fût empressée d'y voir une atteinte à l'unité nationale et la prétention de fonder un Etat dans l'Etat.

« En Angleterre, on se contenta de rire un peu : un malin, comme il s'en trouve partout, même en Angleterre, parla d'emporter tout le magasin dans une brouette ; mais du moins la police n'intervint pas, et les Pionniers de Rochdale se mirent bravement à l'œuvre. Il louèrent, moyennant 250 fr. par an, une misérable échoppe dans une rue écartée. Ce fut le *magasin*. C'est de ce trou obscur que devaient sortir les millions que possède aujourd'hui l'Association, etc.

« Parmi ceux qui prirent la part la plus active à cette fondation, il faut citer James Daley, Charles Howarth, James Smitters, John Will, John Kent, Villiam Cooper, qui fut nommé caissier, et Samuel Ashwoth, qui se chargea, presque dès le commencement, des fonctions de détaillant. Ces noms, tout obscurs qu'ils sont, méritent bien que le peuple ne les oublie pas, et peut-être un jour seront-ils célèbres, si jamais la gloire se mesure à la somme des services rendus, plutôt qu'au nombre des provinces ravagées [1]. »

[1] E. Véron, *les Associations ouvrières*, chap. 1er, 1re partie.

Grâce à cette foi robuste dans l'infaillibilité du système, le nombre des adhérents augmenta ; on fit de grands efforts et l'on porta la cotisation hebdomadaire à 30 cent. Les économies d'une année et quelques versements supplémentaires, formèrent un *total de 700 fr.* Les Pionniers, au *nombre de 28,* résolurent de se mettre à l'œuvre.

Ils louèrent *250 fr.* par an une petite échoppe, et achetèrent pour *450 fr.* de marchandises. Ils n'hésitèrent pas à se mettre en concurrence avec les magasins de la ville.

Leur projet n'était pas de s'enrichir aux *dépens des clients*, mais de les faire participer aux *bénéfices réalisés*, chacun au *prorata* de ses achats. Celui qui achetait le double, touchait un dividende deux fois plus fort. Le capital engagé ne se réservait qu'un intérêt de 5 %.

C'est ici l'acheteur, bien plus que le capitaliste, qui fait réussir l'entreprise ; celui qui achète le plus, a donc droit à une part supérieure dans le gain.

La première règle adoptée fut de *vendre tout au comptant*. Le grand mal des travailleurs, ce sont les crédits et les dettes. L'ouvrier endetté devient pour ainsi dire l'esclave des marchands, ses créanciers. Puis on lui fait payer ce que l'on veut, car il ne marque pas. Il se laisse aller ; la note augmente, et avec son salaire réduit, il lui est impossible de se libérer.

Les équitables pionniers créèrent un fonds spécial, destiné à aider ceux qui, désireux de faire partie de la Société, avaient besoin *de se libérer* envers leurs anciens fournisseurs. On leur avança les sommes nécessaires ; leurs dividendes semestriels, retenus jusqu'à extinction de leurs dettes, remboursèrent ces avances à la caisse.

Pour connaître le total des acquisitions des divers membres, on remet à chacun des *jetons représentant la valeur de ses achats*. Lors de la distribution trimestrielle, il touche un dividende proportionné à la quantité de jetons qu'il a reçus. Soit un mouvement d'affaires de 100,000 fr. le bénéfice 10,000 ; le dividende à distribuer sera 10 %.

La direction fut confiée à un président, un caissier, un secrétaire, trois inspecteurs et cinq administrateurs, tous élus par l'Assemblée générale semestrielle.

Il fut décidé que ces agents se réuniraient au moins une fois par semaine, et présenteraient chaque trimestre, à l'Assemblée générale, le relevé des comptes.

Enfin, le 25 décembre 1844, les pionniers ouvrirent leur petit magasin pour la vente du sucre, de la farine et du beurre exclusivement.

Les boutiquiers voisins, après avoir ri, eurent peur ; ils crièrent à la concurrence illégale et *actionnèrent* les fondateurs.

Comme ceux-ci étaient dans leur droit, la justice leur donna gain de cause et ils purent continuer l'entreprise sans être inquiétés.

Mais des difficultés plus graves, se présentèrent. Leur inexpérience du commerce les exposa à des erreurs sur la qualité des denrées, et la faiblesse de leur capital, ne leur permit pas toujours d'acheter, dans les conditions les plus avantageuses.

De là des défections parmi les acheteurs, dont un certain nombre, par suite de l'éloignement de leur habitation, se trouvaient, pour venir au magasin, exposés à des courses assez longues, et qui d'ailleurs trouvaient désagréable de payer tout au comptant. Ils se firent donc de l'infériorité accidentelle des denrées, un prétexte pour revenir à leurs anciennes habitudes.

Un moment, il fut question d'exclure, en les remboursant, les associés qui n'étaient pas des pratiques régulières, et d'imposer à tous les membres. l'obligation de se fournir au magasin. La proposition fut rejetée, comme attentatoire à la liberté individuelle.

Les pionniers se bornèrent à *déployer plus de zèle;* ils apportèrent plus de soin et d'attention à la qualité des marchandises; ils acquirent peu à peu l'expérience, si bien que les causes de mécontentement disparurent.

Le nombre des associés *s'éleva à 78*, et il fut décidé qu'on ajouterait la vente du *thé et du tabac.*

Pour augmenter le capital, chacun dut laisser à la caisse son bénéfice et ses intérêts jusqu'à concurrence de 125 fr. Arrivé à ce chiffre, on était libre de retirer l'excédant ou de le laisser moyennant 5 % d'intérêts. A la fin de 1845, l'Association possédait 4,525 fr.

En se reportant au point de départ, avec 2 fr. 40, certes le résultat était brillant.

En 1846, on se décida à créer une boucherie, simplement dans le but de livrer aux travailleurs de la marchandise saine, au lieu de viandes de qualités inférieures.

En 1848, le compte-rendu déclare un avoir de 9,925 fr. En 1849, il y avait 390 associés.

Les premières difficultés étaient vaincues. En peu de temps, la Société prit un immense développement; le nombre des membres, le mouvement d'affaires, les bénéfices et le capital s'accrurent d'une manière surprenante.

L'ancienne Association de 28 membres au capital

de 700 fr., est aujourd'hui une puissante institution qui possède des moulins, des fabriques, des comptoirs d'épicerie, dans lesquels on encaisse des millions.

Au début, chacun des associés venait, le samedi soir, détailler, à la lueur d'un bout de chandelle, la chétive provision de sel, de beurre et de farine, qui était tout le trésor de la petite boutique louée 250 fr. par an.

Depuis 1851, les magasins sont ouverts toute la journée, et tous les articles s'y trouvent abondamment. Ils ont des *comptoirs d'épicerie*, *des magasins d'étoffes et de draperies*, *de confections*, *de chaussures*, *de boucherie*, etc.

Voici le *compte de caisse* d'un *exercice trimestriel en 1881* :

Vente d'épicerie (encaissements).	1.291.300 fr.
— étoffes et draperies	89.000
Confections, tailleurs..........	29.050
Boucheries	233.375
Rayon des chaussures, etc	33.300
Ventes en gros (diverses).......	50.775
Sommes retirées de la Banque..	1.471.200
Reçu de la Wolsale coop. Society à titre d'acquits de cette Société d'achats en gros	984.050
	4.151.750

Plus de 4 millions d'affaires en un trimestre !

En 1880, les *équitables pionniers de Rochdale* étaient au nombre de 10,613, possédant un capital actions de 7,314,250 fr., faisant un chiffre d'affaires de 7,091,375 fr. et réalisant un bénéfice de 1,213,625 fr., c'est-à-dire d'environ 17 °/₀ sur le fonds social.

Voulez-vous savoir l'influence, que ce puissant et démonstratif exemple, a eu sur le mouvement de l'Association coopérative en Angleterre ?

Au 12ᵉ Congrès coopératif réuni à Newcastle on Tyne en mai 1880, le docteur Lightfoot établissait ainsi l'état de la coopération en Angleterre et en Ecosse, à la fin de 1878.

Nombre de Sociétés enregistrées....		1.181
— des membres		560.703
Capital en actions...............	fr.	143.255.450
— en dépôts	fr.	21.827.150
Montant des ventes	fr.	528.207.900
Bénéfices nets..................	fr.	45.448.575

Ces bénéfices représentent plus de 8 1/2 °/₀ du chiffre d'affaires et plus de 30 °/₀ sur les actions.

Le chiffre total des affaires de la coopération britannique en 18 ans (de 1861 à 1878), s'est élevé à 4,472,913,000 fr. donnant un bénéfice de 346 millions 090,770 fr., dont 150 millions environ ont été épargnés !

N'est-ce pas là une démonstration péremptoire de l'utilité de la coopération ? N'est-ce pas la preuve, de l'importance spéciale des bénéfices réalisés par les Associations de travailleurs qui vendent au prix du détail et capitalisent les profits, comme on le fait à Rochdale, à Newcastle, etc. ?

D'Angleterre, ce mouvement s'est étendu en *Allemagne*, en *Italie*, en *Suisse* et en *Belgique*, où, sous la triple forme de Sociétés de *consommation*, de *crédit*, de *production*, il a pris un essor extraordinaire qui n'a pas atteint son apogée.

En *Suisse*, l'initiative est grande, et bien qu'il n'y ait pas de centre où les renseignements viennent se grouper, on peut dire que l'on trouve presque partout, des Associations populaires coopératives de consommation, de production et surtout de crédit populaire ou mutuel.

Il y a quatre ans, à Genève, lors de la célébration du centenaire de J.-J. Rousseau, plus de 80 Sociétés, bannières en tête, défilèrent devant la statue de l'auteur du *Contrat social*, et certes il s'en fallait beaucoup que toutes fussent représentées.

Les deux Sociétés les plus importantes de consommation établies à Genève, ont été fondées, l'une en 1867 ; elle se nomme la *Fidélité*. La seconde a été fondée en 1868.

La *Fidélité* possède trois magasins ; elle fait pour plus de 200,000 fr. d'affaires, et dans le premier semestre de 1880, elle a réparti, tant au fonds de réserve qu'entre les employés et les consommateurs, une somme de 11,955 fr.

Depuis 1867, chaque porteur d'une action de 20 fr. a réalisé un bénéfice de 40 fr., et se trouve possesseur d'un capital de 60 fr. rapportant 5 % d'intérêt.

La Société coopérative de consommotion de *Bâle* a fait, en 1873, pour 1,238,434 fr. de ventes ; elle a 1,852 associés ; les actions sont de 3 fr.

Celle de *Zurich*, qui a 2,223 membres et dont les actions sont de 5 fr., possède 16 locaux qui, dans cette même année ont vendu, tant en gros qu'en détail, pour une somme de 1,680,186 fr.

Savez-vous, quel est le nombre des Associations populaires coopératives d'*Allemagne* ?

A la fin de 1879, ces Associations étaient au nombre de 3,203, ainsi classées[1] :

1.866	Banques populaires.
642	Sociétés de consommation.
649	de production.
46	de construction.
Total... 3.203	

1,125 seulement de ces Sociétés comprenant environ 1 million de membres, avaient, en octobre 1880, envoyé leur compte-rendu à M. Schultze-Delitsch.

Leur chiffre d'affaires, représentait plus de 2 milliards de marks, soit 2 milliards 500 millions de fr.

M. Schultze-Delitzsch est *directeur général* des Associations, nommé par elles, sans aucune immixion gouvernementale.

Un Congrès annuel des Etats et des provinces est convoqué; 32 directeurs d'Etats composent le Comité central et assistent le directeur dans le règlement des finances. Au Congrès, on échange des observations et des communications; on se met d'accord sur les réformes à opérer, et sur les moyens de propagande à employer dans l'intérêt général.

Au dernier congrès, on a affirmé plus nettement que jamais, la nécessité de maintenir l'union des Sociétés et la solidarité de leurs membres

Au 31 décembre 1879, l'Italie possédait cent Associations coopératives de crédit, ou cent Banques populaires.

Le nombre total des associés était de.	90.472
— — des actions.........	742.843
— — des employés......	713
Le chiffre des dépenses d'administration était de............... fr.	1.415.873
La moyenne des bénéfices nets a été de	8.26 %
Le total des opérations de...... fr.	517.637.000

Ce mouvement se poursuit en *Hollande,* dans les *Etats scandinaves*, en *Espagne*, en *Portugal*, en *Autriche,* en *Russie*, aux *Etats-Unis d'Amérique.*

En France, nous sommes restés en retard. Toujours, lorsqu'il s'agit de concert, d'entente, de discipline, d'association pour un but pratique, nous nous laissons distancer par nos voisins, spécialement par les Anglo-Saxons.

Faute d'un centre d'informations, il est fort difficile d'avoir des renseignements précis, sur le mouvement coopératif en France.

D'après un tableau publié par l'*Universelle*, Société qui a pour but de propager les associations coopératives, il doit exister en France plus d'une centaine d'Associations coopératives de consommation.

Les plus connues sont la *Boulangerie actionnaire de la Flotte* (Charente-Inférieure), fondée en 1864 avec 90 actionnaires à 5 fr., laquelle en comptait 227 en 1877, et qui, avec un capital fixe de 1,175 fr., a donné plus de 110,000 fr. de bénéfices.

Il y a aussi la Société de consommation de *Roubaix*, qui produit exclusivement du pain pour ses associés, et qui, en 1880, distribuait à raison de 15 o/o, 39,941 fr. de bénéfices nets.

Lyon compte 35 à 40 Sociétés de consommation, s'occupant surtout de boulangerie et d'épicerie, et faisant à peu près toutes leurs affaires. Elles ont été créées dans les quinze ou vingt dernières années ; plusieurs ont sombré faute de direction capable et de contrôle sérieux.

Elles comptent de 300 à 1,000 adhérents. Les bénéfices se répartissent annuellement aux inventaires, et comprennent l'intérêt et le dividende. Quelques-unes, entr'autres la *Ruche* et la *Ménagère*, retiennent une part des bénéfices, pour être affectés aux pensions de retraite de leurs membres.

Il y a la grande *Société alimentaire de la ville de Grenoble*, qui a donné des résultats merveilleux, distribué en trente années des comestibles sains et tout préparés, pour une somme de 3,600,000 fr. environ; réparti aux pauvres en argent ou aliments des sommes considérables, amorti son mobilier et son matériel général, qui, après avoir dépensé en constructions et réparations 41,339 fr., possédait au 31 décembre 1880, un capital de réserve de 51,000 fr.

Vous avez la Boulangerie *coopérative de Bleneau* (Yonne), qui, en 1880, vendait 98,748 kil. de pain; faisait un chiffre d'affaires de 36,212 fr., et après avoir amorti son matériel, constitué un fonds de réserve, distribuait un dividende de 10 o/o à ses actionnaires.

Il existe à *Bordeaux*, depuis 1873, une *Société dite d'épargne et de prévoyance de Saint-Rémy*, montée dans le quartier de Bacalan, parmi les ouvriers, employés et industriels, dans le but, bien défini par les statuts, d'arriver par le travail, l'épargne et l'excitation mutuelle, à une vie régulière et à la constitution d'un petit capital.

Le droit d'entrée est de 5 fr. et la cotisation mensuelle de 50 cent. au minimun. Le fonds de réserve est constitué au moyen d'une retenue de 2 1/2 % sur le versement. La Société se livre avec la plus grande circonspection au prêt mutuel, basé sur la solidarité des ouvriers entre eux.

Un 10e des bénéfices grossit le fonds de réserve. Les affaires portent généralement sur le pain, le vin, l'épicerie, le bois de chauffage, la chaussure et les étoffes. Toutes les transactions, se font au comptant, sur garanties incontestables.

En 1881, l'Association compte 315 coopérateurs. Le capital aggloméré est de 16,000 fr., entièrement dus à l'économie des gens du quartier de Bacalan, le plus pauvre de Bordeaux.

A Paris, il existe 21 Sociétés coopératives de consommation, comprenant environ 4,000 membres [1].

A Saint-Etienne, vous avez la *Ruche Stéphanoise*, dont je ne connais ni les statuts, ni le fonctionnement, *mais qui prospère*.

Vous avez enfin la Société coopérative ou *Maison de fournitures*, dont votre Syndicat a pris l'initiative, qui fonctionne heureusement et qui est destinée, sagement conduite, à prendre au fur et à mesure des circonstances, une extension considérable.

J'aurais encore à vous parler des Banques populaires de crédit et des Sociétés de production, en France et à l'étranger ; mais il faudrait des jours et des volumes pour tout dire.

Je suis obligé de me borner ; votre bienveillante attention, que je ne veux pas fatiguer, et mes forces physiques me l'imposent.

[1] La plupart de ces chiffres et renseignements derniers sont extraits d'un article de M. Breslay, publié dans le *Journal des Economistes* (juillet 1881).

RÉSUMÉ ET CONCLUSION

J'ai essayé de résumer brièvement devant vous l'histoire du travail dans ses points saillants, à partir des réalités sociales perceptibles du passé, c'est-à-dire des sociétés grecque et romaine.

La conquête, l'abus de la force, l'esclavage, justifiés par les religions de la nature, par le polythéisme greco-romain, tel est le fait dominant du monde antique.

Le Christ, fils de Dieu et de l'homme, ouvrier sur bois de Galilée, jette dans le monde cette divine semence : *Egalité de nature* des hommes entre eux : un seul Dieu créateur, un seul couple originaire, une seule loi, une même fin.

La vieille Rome a beau persécuter la nouvelle doctrine et essayer de la noyer dans le sang, elle fait son chemin dans le cœur des opprimés ; elle a son culte dans les catacombes. Elle renouvelle le monde romain, perdu de luxure et de débauches, dans la vertu, la charité fraternelle, la pénitence.

L'empire est réparé au-dedans par l'esprit chrétien ; au dehors par les invasions de ceux que les Romains appellent des Barbares.

L'esclavage s'adoucit en servage ; les serfs, à demi-affranchis par la coutume et le travail, se groupent en communes pour résister à la tyrannie féodale. Les corporations d'arts-et-métiers surgissent ; le Tiers-Etat s'élève, se constitue, fait reconnaître ses droits, devient un des trois pouvoirs de l'Etat; formule dans ses immortels cahiers, ses revendications, qui sont devenues les principes de 1789, la charte des droits de l'homme et du citoyen.

Mais, en détruisant, avec tout l'ancien régime usé et vermoulu, les corporations d'arts-et-métiers, les maîtrises et jurandes, notre immortelle Constituante va trop loin. Par haine des corporations, elle interdit aux ouvriers, aux gens de travail et de métier, de s'unir, de se concerter, de prendre des délibérations et résolutions communes.

En France, l'Association est soigneusement interdite par le Code de 1810, chef-d'œuvre du génie oppresseur de Bonaparte, clef de voûte du césarisme impérial.

Cet isolement, cet éparpillement des travailleurs, sauf un moment de répit en 1848, se prolongent jusqu'en 1864, à *la loi sur les coalitions,* complétée par celle de 1868 sur le *droit de réunion*, et par la tolérance administrative qui laisse éclore les Syndicats.

La loi qui sera prochainement votée par les Chambres, consacre la *liberté des associations* ou Syndicats professionnels, et brise le dernier anneau de cette chaîne de servitude, qui retenait l'ouvrier dans sa faiblesse et son isolement.

Le travail a aussi ses droits, d'autant plus respectables que le travailleur est plus faible, que son manque de capital le met, dans une certaine mesure, à la discrétion du patron ou entrepreneur.

Le vice de la situation actuelle, la situation précaire des travailleurs, tient moins à la *production de la richesse qu'à son mode de répartition ou distribution.*

La part du travailleur dans la richesse produite, lui arrive sous forme de *salaire.* Le salaire a cet avantage, qu'il échappe aux risques de l'entreprise, qu'il est dû et payé, avant le résultat total et final de l'opération industrielle à laquelle le travailleur a collaboré.

Mais la concurrence l'amoindrit et le chômage le fait disparaître ; d'où l'incertitude du lendemain, la souffrance, la misère, la faim avec ses tortures, et quelquefois la ressource humiliante et insuffisante de la charité publique.

Mais le travailleur ne veut pas de la charité ; il est homme, il est citoyen ; il est l'égal du capitaliste, entrepreneur ou patron ; il veut ne devoir sa subsistance qu'à son travail, à ses bras ; il veut la justice et non la charité.

Pour cela, il faut qu'il s'élève par des efforts graduels, successifs, obstinés, qui iront se généralisant, à l'état *d'associé,* prenant une part déterminée et légitime dans la production.

Comment s'élèvera-t-il à cet état désirable et nécessaire ?

Par *l'Association* et par ce mode d'association qui s'appelle *l'assistance de soi-même ou par soi-même ;* par *l'Association coopérative,* ou celle des travailleurs entre eux.

La *participation aux bénéfices,* est un premier pas dans cette voie de l'association plus intime du travail avec le capital ; elle est déjà usitée dans nombre d'entreprises.

Mais l'association vraie, complète, est celle des travailleurs entre eux, au moyen de leurs propres capitaux, en vue d'obtenir à meilleur marché et de meilleure qualité, les objets de consommation, pain, vin, épicerie, viande, habillements, chaussures, etc.

Il y a ensuite l'*Association de crédit*, qui arrive à procurer des capitaux, à mettre des instruments, matières premières, avances, aux mains des travailleurs qui veulent agrandir leur production.

Il y a enfin l'*Association de production*, par laquelle, utilisant les capitaux avancés par les Banques populaires ou réalisés par les associations de consommation, les travailleurs, s'appliquent directement à une branche de la production, à telle ou telle opération industrielle, réunissant ainsi le *profit du patron à l'intérêt du capital et au salaire du travailleur*.

Je vous ai raconté la longue et célèbre histoire des *Equitables pionniers de Rochdale ;* elle est intéressante à plus d'un point de vue. N'oubliez pas que les *Equitables pionniers*, ont débuté par l'*Association de consommation*. Ne pouvant accroître leurs gains, ils ont *réduit leurs dépenses*, et fait sur la dépense des économies, qui leur ont *constitué un capital*, qu'ils ont ensuite successivement, prudemment, au fur et à mesure que le besoin s'en faisait sentir, appliqué à la production.

C'est par là que de salariés, ils sont devenus indépendants, capitalistes, producteurs, quelques-uns patrons et directeurs. Car dans l'armée sociale, tous ne sauraient être chefs ; il y faut une instruction, des aptitudes et une capacité spéciales.

Je vous ai indiqué sommairement, le développement considérable, et le succès presque infaillible des Associations de consommation, dans presque tous les Etats d'Europe et même aux Etats-Unis d'Amérique.

Je le dis avec une entière conviction : Vous avez

là, entre mains, le levier qui soulèvera le monde, qui le renouvellera dans la justice et l'équité; votre émancipation n'est plus qu'une question de temps. Quand vous voudrez résolûment être libres, indépendants, capitalistes, vous le serez. La liberté, l'indépendance sont une question de volonté, d'intelligence, de conduite, non une résultante des lois ou des institutions. On est libre quand on veut et qu'on sait l'être.

Et cette liberté, vous l'acquerrez successivement, pacifiquement, sans secousses, sans bouleversements, sans injustice, sans révolutions.

Oui, citoyens, levons hardiment le drapeau du *socialisme coopératif* en face du *socialisme collectiviste*, violent et césarien.

Dans quelques jours et dans ce même local s'ouvrira un congrès ouvrier[1], ou, je le crains, par l'expérience que j'en ai, s'affirmeront d'autres doctrines et d'autres moyens. Il est à craindre que le *collectivisme* y ait la haute main; que l'on vienne prêcher le retour à la collectivité, du sol, du sous-sol et de tous les instruments de travail, et cela par la dépossession violente et en masse de ceux qui les détiennent actuellement.

Repoussez, je vous en conjure, citoyens, ces décevantes utopies, ces appels à la force, au fusil, à la spoliation, à la Révolution violente et sanglante, à la guerre civile.

Là n'est pas le progrès, la liberté, le bien-être grandissant, l'accession de tous à la richesse et au loisir.

La violence appelle la violence; les citoyens paisi-

[1] Le 25 septembre aura lieu l'ouverture à Saint-Etienne du 6e *Congrès régional ouvrier*.

bles se lèvent contre les perturbateurs et les utopistes, et la société, terrifiée, se jette dans les bras d'un César d'aventure. C'est dans la boue et le sang que germe la dictature, ce mancenillier des Révolutions !

La Terreur nous a valu le premier Bonaparte et l'invasion de 1815 ; les journées de juin, le second Empire, Sedan, la disjonction de l'Alsace-Lorraine.

Craignons pour la liberté, pour notre jeune République, tenue en suspicion par les monarchies qui l'entourent, craignons ces théories insensées, ces prédications folles, qui mènent droit, par l'anarchie, à la guerre civile, à l'amoindrissement des peuples, à la conquête par l'étranger. C'est ainsi qu'a fini la noble et malheureuse Pologne !

Le bon sens, le progrès pacifique, la justice et la liberté ont, tôt ou tard, le dernier mot dans les affaires humaines !

Saint-Etienne, imp. Forestier, rue de la Bourse, 2.

www.ingramcontent.com/pod-product-compliance
Ingram Content Group UK Ltd.
Pitfield, Milton Keynes, MK11 3LW, UK
UKHW020405220726
13923UKWH00004B/1746

9 782019 283995